数学是打开世界的一把钥匙。

一起成为小小数学家吧！

探索成员 1：小翼

长着一头自来卷的小翼热爱数学、喜欢钻研，是同学们公认的学霸，被大家亲切地称为"小牛顿"。

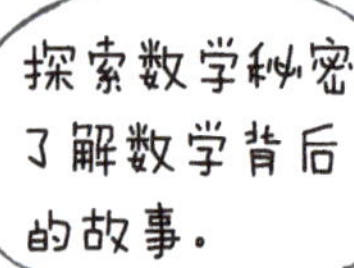

探索成员 2：茜茜

活泼可爱、勤奋好学的茜茜是"小牛顿"的同班同学，她记录了每次的数学探索项目。

探索成员 3：小鹦鹉

聪明机智、爱提问题的小鹦鹉是探索小组唯一会飞的成员，也是探索小组的观察能手！

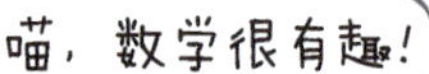

探索成员 4：大猫

憨厚幽默，思路灵活，大猫在关键时刻常常表现出众，给探索小组带来了不少欢乐。

厉害了！我的数学

等号和加减乘除

曲少云/文　李卓颖/图

中国和平出版社
China Peace Publishing House

图书在版编目（CIP）数据

等号和加减乘除 / 曲少云文；李卓颖图 . -- 北京：
中国和平出版社 , 2023.4
　（厉害了！我的数学）
　ISBN 978-7-5137-2392-3

　Ⅰ . ①等… Ⅱ . ①曲… ②李… Ⅲ . ①数学 – 儿童读
物 Ⅳ . ① O1-49

　中国版本图书馆 CIP 数据核字 (2022) 第 147908 号

厉害了！我的数学

等号和加减乘除　　　曲少云/文　李卓颖/图

策　　划	代新梅	经　　销	全国各地书店
责任编辑	代新梅		
美术编辑	弯　弯	开　　本	880mm×1230mm　1/20
责任印务	魏国荣	印　　张	2
出版发行	中国和平出版社（北京市海淀区花园路	字　　数	30 千字
	甲 13 号院 7 号楼 10 层　100088）		
	www.hpbook.com　　bookhp@163.com	版　　次	2023 年 4 月第 1 版　2023 年 4 月第 1 次印刷
发 行 部	（010）82093832　　82093801（传真）	书　　号	ISBN 978-7-5137-2392-3
出 版 人	林　云	定　　价	22.00 元

加、减、乘、除是基本计算，在生活中，我们一天也离不开它们。

要计算就离不开"="（等号），它用来连接两组相等的数构成等式。那么，在自然数的计算中，怎么判断两组数相等呢？

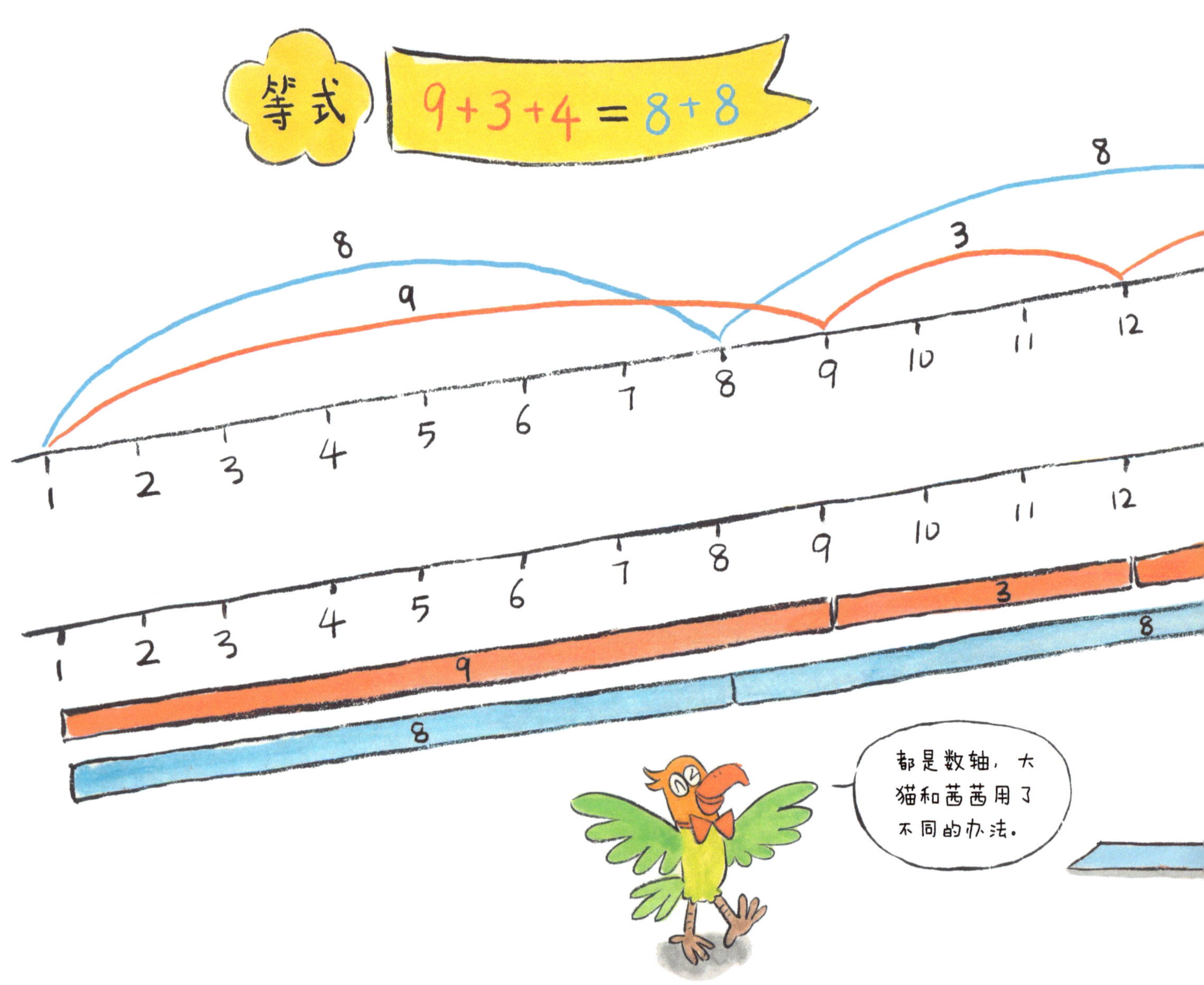

办法很简单，只要"="左、右表示的数落在数轴上同一个位置，这两个数就相等，就能用"="连接。

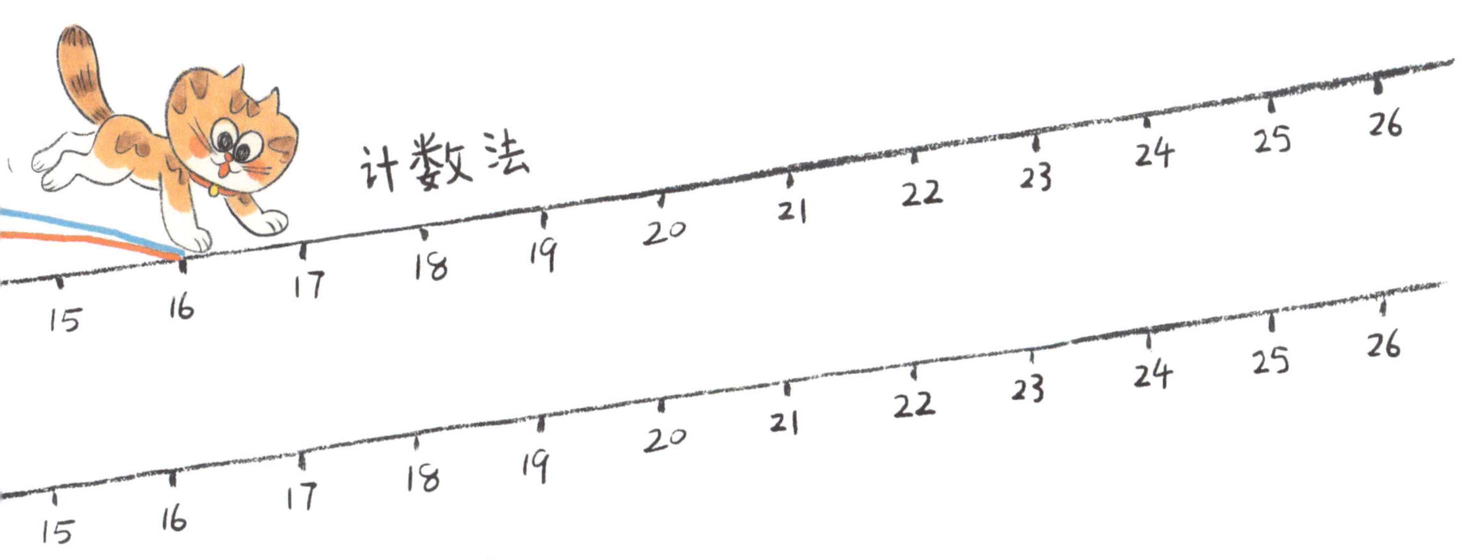

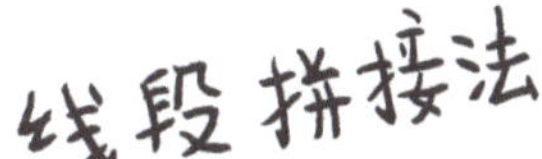

等式的原理

"="不是进行计算的命令。

9+3+4=8+8 的意思是：

数"9+3+4"和数"8+8"

在数轴上都落在 16。

1. 用计数法在数轴上画：7+6=1+4+8

2. 用线段拼接法摆放：3+7+4=5+9

做两个数的加法计算时，不论用计算器还是口算，不论算的方法是不是巧妙，加的顺序都不影响"和"。

更多的数相加，不管是以什么顺序计算，所得的和都一样。

　　这样一来，在加法计算中，加数可以随意交换、结合，这个运算规律能让计算变得更简单。

$$22+25+8+15=22+8+25+15$$
$$=（22+8）+（25+15）$$
$$=30+40$$
$$=70$$

13+29+7=13+7+29　　　　　　**交 换 律** _______
　　　　　=20+29
　　　　　=49

找到对应的运算规律贴纸，完成填空吧！

24+13+12+6+8=24+6+12+8+13　　　　_______
　　　　　　　=（24+6）+（12+8）+13　　_______
　　　　　　　=30+20+13
　　　　　　　=50+13
　　　　　　　=63

做减法计算时，顺序就相当重要了，排在第一位的被减数位置不可变动。被减数每减去一个数，就比原来小一点儿——从前往后相减，最后得到"差"，这是最常见的减法过程。

有时候，用第一个数减去后面所有数的"和"更简便。

还可以这样算，用第一个数减去后面部分数的和。

3种计算方法的答案都一样！

玩具店来客人啦！

周日上午，进店人数比
离店人数多多少人？

进店、离店统计

8:00 进店 7 个小朋友
9:00 进店 16 个小朋友
9:30 离店 8 个小朋友
10:00 离店 6 个小朋友
11:00 进店 3 个小朋友
12:00 离店 2 个小朋友

这个问题要保证
大数减小数。

7＋16－8……

加、减混合计算时，也可以调整计算顺序。只要能保证大数减小数，每个"数"带着它前面的"＋"或"－"一起交换。

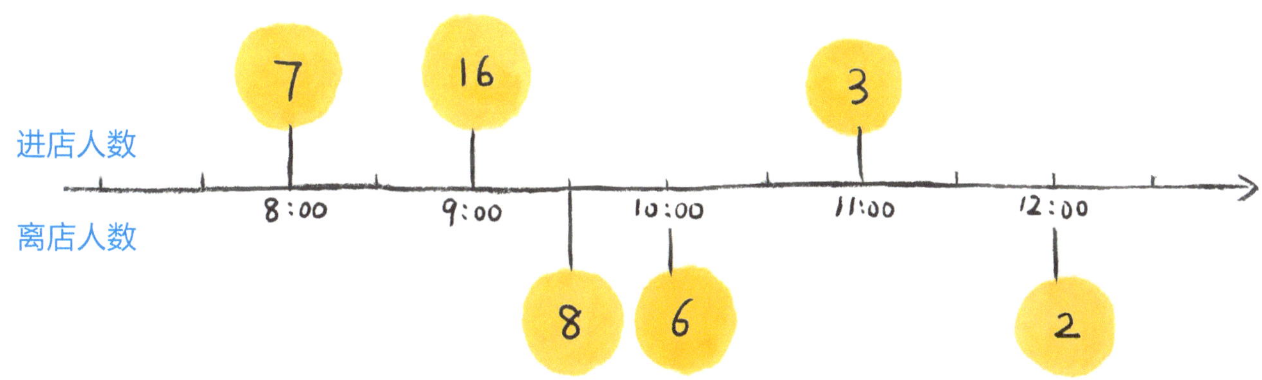

提示见下一页，答案见文末。

3 月 21 日 星期日上午
进店人数比离店人数多
10 人
进店人数是"+数"，
离店人数是"－数"。

"＋数"或"－数"谁先谁后参与计算，就像小朋友谁先进店或离店一样，不会影响计算的结果。

　　相同加数求和时，**乘法**就派上用场了。乘法计算和加法很像，乘的顺序不影响计算的结果。

乘法是加法的简便计算，相同加数求和就用乘法！

对同一个乘法算式来说，以任何顺序相乘，所得的乘积都一样！

答案见文末。

算式中既有加法，又有乘法时，该怎么计算呢？

因为这两种积木都是3套，所以可以是（14＋6）×3．
14＋6是一套红色积木和一套绿色积木的数量．
×3
14×3 ＋ 6×3 ＝ （14＋6）×3
红色积木总数 ＋ 绿色积木总数 ＝（一套红色积木数 ＋ 一套绿色积木数）× 套数
14×3+6×3
=42+18
=60
（14+6）×3
=20×3
=60
更简便的算法

算式中既有减法，又有乘法时，该怎么计算呢？

100 套积木卖掉 5 套后，剩下的还能卖多少钱？

$$6 \times (100-5) = 6 \times 100 - 6 \times 5$$

$6 \times (100-5)$
$=6 \times 95$
$=570$

$6 \times 100 - 6 \times 5$
$=600-30$
$=500+100-30$
$=500+70$
$=570$

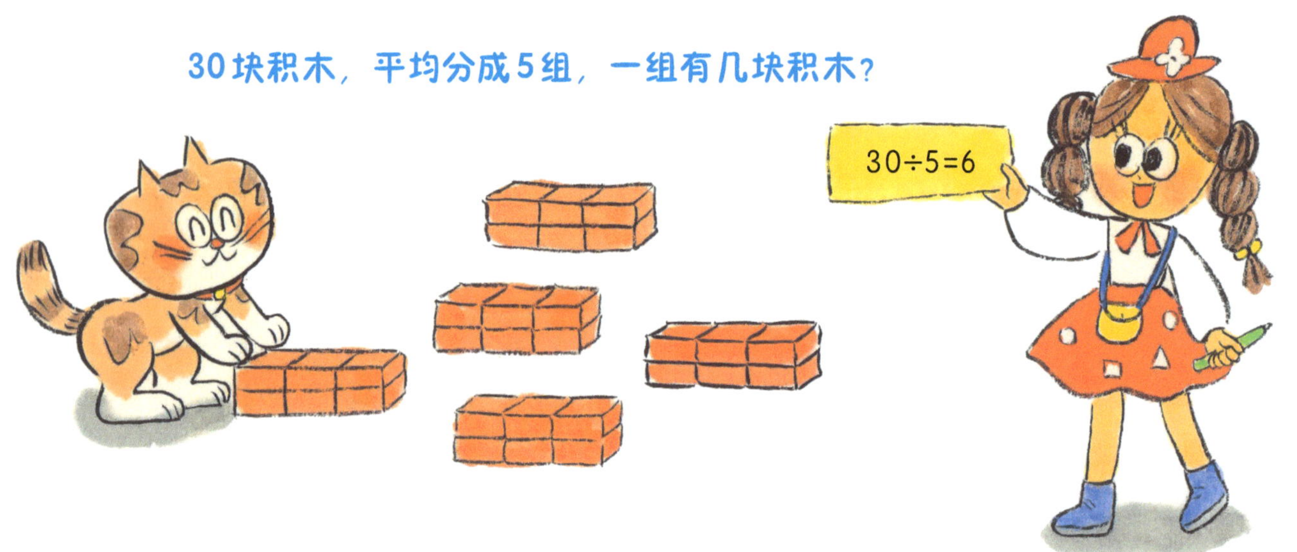

除法计算和减法相似，特别强调顺序。一般遵循从前往后依次相除的顺序。

有时候，用第一个数去除后面所有数的乘积更简便。

$30 \div (5 \times 2)$

$= 30 \div 10$

$= 3$

$30 \div 5 \div 2 = 30 \div (5 \times 2)$

总份数

乘、除混合计算时，可以调整计算顺序。只要能够整除，每个"数"带着它前面的
"×"或"÷"一起交换。

乘除算式中，"乘数"或"除数"谁先谁后参与计算，不影响计算的结果，这就像加数和减数一样。

23

　　加减乘除运算，也叫四则运算。在四则运算中，计算的顺序是"先乘除，后加减"。加减是一级运算，乘除是二级运算。

去贴纸页找到正确的计算顺序吧！

当算式中有括号时，要先完成括号内的计算，再按照"先乘除，后加减"的顺序计算。

答案见文末。

不同的计算有不同的图形表现。

乘法和加法联系起来，与"求几块面积的总和"有关。

乘法和减法联系起来，与"面积之间相差多少"有关。

算式和图形的对应，你理解了吗？

答案见文末。

数学游戏

怎么样，加减乘除你学会了吗？现在一起来玩个游戏吧！登山比赛马上开始了！画出路线图，看看小猴子、小松鼠分别能得到什么奖品？

2×（17−9）
（2+3）×7
4×6+2
10−3+5
5+6×2
3+9+1
31

第1页：12辆。2+2+2+2+2+2=12（辆）或6×2=12（辆）。

第11页：7+16−8−6+3−2

        =（7+3）+（16−6）−（8+2）

        =10+10−10

        =10　　　（计算过程不唯一）

第15页：（5×2）×（5×8）×7

        =10×40×7

        =400×7

        =2800　　　（计算过程不唯一）

第25页：（50−10）×2

        16÷（8−4）

        3×（3+6÷2）

        20−（1+7）×2

第29页：

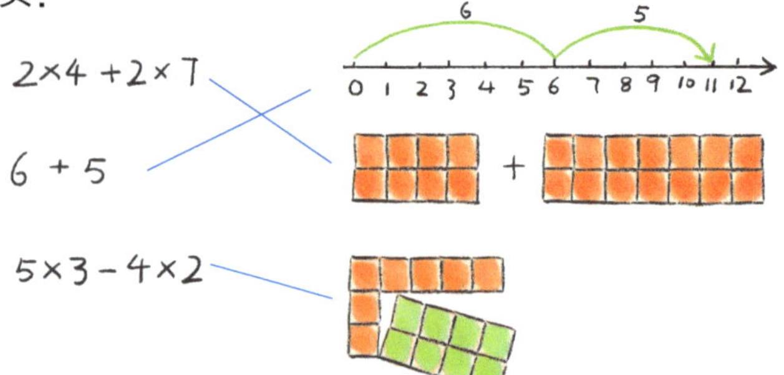

第30～31页：如右图，
小猴子路线为绿色，小松鼠路线为红色。

大人能做的事，你也做得到！

　　你可能很奇怪，看上去挺复杂的算式，为什么大人能马上算出答案呢？其实，这和大人对算式的理解有很大的关系。对算式的理解分几个阶段：

1. 对算式中符号的理解；
2. 对算式表达的真实含义的理解；
3. 对算式要解决的问题的理解；
4. 对算式运算技巧的理解。

"厉害了！我的数学" 系列科普图画书

- 《数的起源》
- 《自然数、整数、0》
- 《时间的历史》
- 《口算通关法》
- 《等号和加减乘除》

- 《辨识空间方位》
- 《为什么是三角形》
- 《四边形的奥秘》
- 《正方体》
- 《分类和找规律》

作者简介

曲少云/文

数学科普教育专家，教育心理硕士，拥有20余年数学教龄，对中国孩子的数学学习和发展轨迹了如指掌，能够系统、科学地指导孩子进行数学学习和训练。著有系列畅销书"今晚七点半，数学妈妈的游戏课""奇妙的数学游戏书"等，累计销量超过100万册。线上课程"如何开发孩子的数学潜力""数学启蒙，父母是最好的老师"广受老师、家长赞誉。

李卓颖/图

绘本创作者，动画专业硕士，毕业于广州美术学院及荷兰圣优斯特艺术学院。

作品有《公主怎么挖鼻屎》《溜达鸡》《从前有个筋斗云》《两个小妖精抓住一个老和尚》。作品曾获第二届"信谊图画书奖"，第二届小凉帽国际绘本奖优秀作品奖，2016年深圳读书月"年度十大童书"。《从前有个筋斗云》入选第十三届全国美展，入选教育部推荐书目。